글 김한조

대학에서 회화를 전공하고 1999년에 만화가로 데뷔했어요. 2000년대 중반부터 그래픽노블 작가로 활동해 왔으며, 어린이만화, 시사만화, 역사만화 등 다양한 분야의 만화를 두루 선보이고 있어요. 펴낸 책으로 〈초등수학, 개념을 그리자〉, 〈와글와글 인체 미생물 대탐험〉, 〈어린이의 미래를 여는 역사〉 시리즈와 《독립운동가 단편 만화 모음집 – 후세 다쓰지》, 《재일조선인 – 우리가 외면한 동포》, 《김깡깡이 나타났다!》, 《who? 스페셜 문익환》 등이 있어요.

그림 이유철

한국출판미술대전1999에서 장려상을 수상했으며, 애니메이션 동화 작업을 시작으로 EBS 방송 교재와 초·중 학교 교재 삽화를 오랫동안 다수 작업해 왔습니다. 현재 〈과학소년〉에 만화를 연재하고 있으며, 주요 작품으로는 《상상영단어》, 《몸의 주인은 나야!》, 《그리스 로마 신화》, 《why? 스포츠 야구》, 《who? 스페셜 킬리안 음바페》, 《who? 스페셜 김민재》, 《who? 스페셜 손흥민 전면개정판》 등이 있습니다.

다산어린이 공식 카페

책을 더 재미있게, 책을 더 오래 기억하는 방법
다산어린이 공식 카페에는 다양한 독서 활동 자료가 있습니다.
자료를 활용하여 아이들의 독서 흥미를 더욱 키워 주세요.

존 던컨 John B. Duncan
미국 UCLA 아시아언어문화학부 교수

한국학 분야의 세계적인 석학으로
미국 UCLA 한국학 연구소 소장 및
동 대학의 아시아언어문화학부 교수를
겸직하고 있습니다.

☆ 자신만의 멘토를
만날 수 있는 who? 시리즈

다산어린이의 《who?》 시리즈는 어린이들은 물론 어른들에게도 재미와 감동을 주는 교양 만화입니다. 《who?》 시리즈는 전 세계 인류에 영향력을 끼친 인물들로 구성되었으며 인물들의 삶과 사상을 객관적으로 전해 줍니다.

이처럼 다양한 나라와 분야에서 활약한 위인들의 이야기를 통해 과학, 예술, 정치, 사상에 관한 정보는 물론이고, 나라별 문화와 역사까지 배우게 될 것입니다. 《who?》 시리즈의 가장 큰 장점은 위인들이 그들의 삶에서 겪은 기쁨과 슬픔, 좌절과 시련, 감동을 어린이들이 함께 느낄 수 있다는 것입니다. 어린이들은 이 책을 읽으면서 폭넓은 감수성을 함양하게 됩니다.

《who?》 시리즈의 어린이 독자들이 책 속의 위인들을 통해 자신만의 멘토를 만나 미래의 세계적인 리더로 성장하기를 진심으로 응원합니다.

에드워드 슐츠 Edward J. Shultz

하와이 주립 대학교 언어학부 교수

하와이 주립 대학교 언어학부 교수인
에드워드 슐츠는 동 대학의 한국학센터
한국학 편집장을 역임한 세계적인
석학입니다.

☆ 세상을 더 나은 곳으로
만든 사람들의 이야기

어린이들은 자라면서 수많은 궁금증을 가지게 됩니다. 그중에서도 "저 사람은 누굴까?"라는 질문은 종종 아이들의 머릿속을 온통 지배해 버리기도 합니다. 다산어린이에서 출간된《who?》시리즈는 그런 궁금증을 해결해 주기 위해 지구촌 다양한 분야의 리더들을 소개하고 있습니다.

《who?》시리즈에 등장하는 인물들은 인종과 성별을 넘어 세상을 더 나은 곳으로 만든 사람들입니다. 어린이들은 이 책에서 디지털 아이콘으로 불리는 스티브 잡스는 물론 니콜라 테슬라와 같은 천재 발명가를 만날 수 있습니다.

책 속 주인공들의 어린 시절 이야기를 통해 기쁨과
슬픔, 도전과 성취감을 함께 맛보고, 그들과 함께
성장하면서 스스로 창조적이고 인류에 도움이 되는
사람이 되겠다는 포부와 자신감을 갖게 될 것입니다.
《who?》시리즈 속에서 다채롭고 생동감 넘치는 위인들의
이야기를 만나 보세요.

차 례

8

9

DOYEONG

1장

갸린이, 야구를 시작하다

> "
> 나, 야구 선수 하고 싶어요.
> 기아 타이거즈 선수가 될 거예요!
> "

김도영은 2003년 10월 2일 광주에서 태어났습니다. 기아 타이거즈의 열렬한 팬인 아버지의 영향으로 김도영은 어릴 때부터 기아 타이거즈의 경기를 자주 보러 다녔습니다. 그러면서 자연스레 기아 타이거즈의 팬이 되었고 야구도 좋아하게 되었습니다.

에이, 열심히 응원했는데 또 졌어.

우리가 더 열심히 응원하면
다음엔 꼭 이길 테니
너무 실망하지 마.

그래, 도영아.
다음에 또 경기 보러 오자.

16

도영아, 너 혹시 야구 선수 하고 싶니?

아직 열 개 안 던졌어요, 얍!

슈웅

내 말 하나도 안 듣고 있었구나.

저, 정말요?

그렇다니까. 야구 코치처럼 생긴 사람이 다가오더니 대뜸 도영이는 야구 선수가 딱이라고 하는 거야.

우리 도영이가 야구에 소질이 있기는 한가 봐.

홈런입니다! 역전 만루 홈런을 쳐 내는 기아 타이거즈 김도영 선수!

부웅

음, 도영이한테 한번 물어볼까요?

도영아, 이리 와 봐.

너 야구 선수 해 볼래?

야구 선수요? 야구가 재미있긴 한데….

야구 선수는 생각해 본 적 없어요. 그리고 우리 학교에는 야구부도 없잖아요.

야구부 있는 학교로 전학 가면 되지.

그보다 중요한 건 도영이 네가 정말로 야구를 좋아하는지야. 좋아하는 일을 해야 평생 그 일을 할 수 있거든.

뭐 우리 도영이의 야구 사랑이야 잘 알고 있지만… 어때? 본격적으로 야구 한번 배워 볼래?

…생각해 볼게요.

21

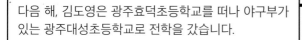

다음 해, 김도영은 광주효덕초등학교를 떠나 야구부가 있는 광주대성초등학교로 전학을 갔습니다.

잘 부탁드립니다, 감독님!

어?

후후, 역시 내 예상대로군. 언젠간 만나게 될 줄 알았지.

어, 그때 그 이상한 아저씨?

뭐라고, 이 녀석이!?

앗, 죄송해요. 감독님!

하하, 됐다. 앞으로 함께하게 됐으니 잘 부탁한다!

안녕하세요, 저는 효덕초, 아니 대성초등학교 4학년 김도영이라고 합니다.

오늘은 첫날이니까
도영이가 해 보고 싶은 걸로 테스트를
해 보자. 어떤 걸 하고 싶니?

타격을 해 보고 싶습니다.

좋아,
그럼 저기 배트랑 헬멧 가져와서
타석에 들어가 봐.

첫날부터 깊은 인상을
남겨 보자.

앗!

후후, 동네 야구랑은 다르다고.

이, 이런….

와, 쟤 되게 빠르네?

어깨가 좋은 것은 알았지만 발도 빠르구나.

역시 야구 선수는 다르네요. 제대로 건드리지도 못했어요.

아니다, 처음인데 당연한 거야. 앞으로 열심히 해 보자.

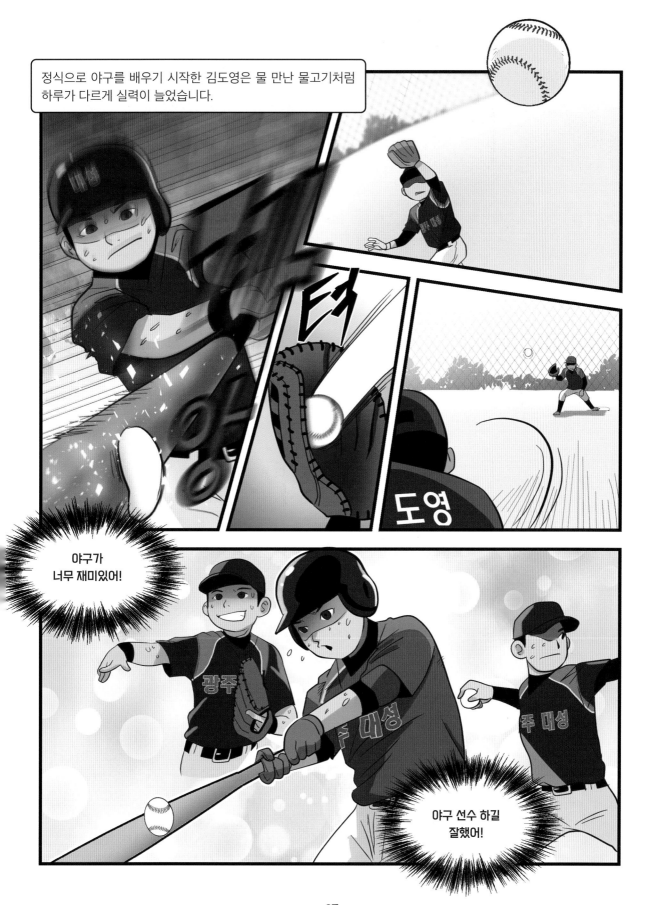

정식으로 야구를 배우기 시작한 김도영은 물 만난 물고기처럼 하루가 다르게 실력이 늘었습니다.

야구가
너무 재미있어!

야구 선수 하길
잘했어!

야구 명문 기아 타이거즈의 역사

김도영이 몸담고 있는 기아 타이거즈는
우리나라 프로 야구가 시작됐던 해에
창단된 역사 깊은 구단이에요.
긴 역사만큼 우여곡절도 많았지요.
기아 타이거즈가 걸어온 길을 살펴보아요.

하나 타이거즈의 시작

기아 타이거즈의 첫 시작은 해태 타이거즈예요. 1982
년 해태 그룹은 광주를 연고로 하는 야구단을 창단했
어요. OB 베어스와 MBC 청룡에 이어 세 번째로 창단
된 프로 구단으로, 소속 선수는 14명밖에 되지 않았지
요. 당시 여섯 개의 야구단 중 가장 선수가 적었던 만
큼, 해태 타이거즈는 첫 시즌에서 4위라는 저조한 성적
을 거두었어요.

1983년 미국에서 야구 유학을 마치고 돌아온 김응용
을 감독으로 내세운 해태 타이거즈는 그해 한국 시리
즈에서 우승을 거머쥐었어요. 이후로도 훌륭한 선수들
을 영입하며 승승장구했지요. 해태 타이거즈는 선동열,
이종범 등 내로라하는 선수들을 앞세워 1983년부터
1997년까지 15년 동안 무려 아홉 번이나 우승 트로피
를 들어 올렸어요.

한국 시리즈 아홉 번째 우승을 달성한 해태 타이거즈 선수들

둘 기아로 옷을 갈아입다

승승장구하던 해태 타이거즈는 선동열에 이어 이종범
마저 일본 프로 야구에 진출하며 팀을 떠나자 전력이

눈에 띄게 약해졌어요. 1998년에는 포스트 시즌 진출조차 실패했고, 2000년에는 팀을 이끌었던 김응용 감독이 다른 팀으로 옮기게 되지요. 엎친데 덮친 격으로 IMF 여파로 모 기업인 해태 제과의 재정난이 심해지면서 팀의 상황은 더욱 안 좋아졌어요.

구단을 정상적으로 운영하는 것조차 불가능해진 해태 타이거즈를 두고 팬들의 걱정은 날로 깊어졌어요. 하지만 다행히 2001년 기아 자동차가 해태 타이거즈를 인수하며 기아 타이거즈로 탈바꿈했지요. 그해 8월, 선수들이 기아 타이거즈의 이름으로 경기에 출전하면서 해태 타이거즈 야구단의 막이 내렸어요. 해태 타이거즈는 통산 성적 1,240승 54무 1,021패, 우승 9회라는 놀라운 기록을 남기고 역사 속으로 사라졌어요.

셋 야구 명문 타이거즈, 부활을 꿈꾸다

기아 타이거즈를 창단한 기아 자동차는 투자를 아끼지 않았어요. 일본 프로 야구에 진출해 뛰고 있던 이종범과 삼성으로 이적했던 이강철을 다시 영입하여 팀 전력을 강화했지요. 두 선수 덕에 2001년에는 6연승을 거두며 4위까지 치고 올라가기도 했어요. 2002년에는 외국인 선수들과 신예 선수들도 힘을 보태 5년 만에 포스트 시즌에 진출했어요. 이후로 3년간 기아 타이거즈는 꾸준히 포스트 시즌의 문을 두드렸지요.

하지만 화려하게 부활할 줄 알았던 기아 타이거즈는 2005년과 2007년, 최하위 성적을 기록하고 말았어요. 야구 명문이라는 자부심으로 가득하던 팬들에게는 큰 충격이었지요. 이에 기아 타이거즈는 새롭게 조범현 감독을 임명하고 실력 좋은 선수들을 영입해 재기를 노렸어요.

2009년, 드디어 기아 타이거즈의 노력이 빛을 발하기 시작했어요. LG 트윈스에서 뛰던 김상현과 메이저 리그에서 뛰다 기아 타이거즈로 복귀한 최희섭이 연일 홈런을 때려 내며 팀을 이끌었지요. 특히 김상현은 시즌 최다 홈런, 역대 타이거즈 타점 기록을 갈아 치우며 '만루 홈런의 사나이'라는 별명을 얻기도 했어요. 뿐만 아니라 조범현 감독의 탁월한 전략과 제 기량을 발휘한 투수진이 더해져 기아 타이거즈는 12년 만에 우승을 거머쥐었어요. 이후로도 기아 타이거즈는 2017년과 2024년 우승 트로피를 들어 올리며 야구 명문으로서 팬들에게 많은 사랑을 받고 있답니다.

2024년 한국 시리즈에서 우승한 기아 타이거즈

2장

타이거즈 1차 지명의 날

> 기아 타이거즈에서 뛰는 게
> 내 꿈이긴 했지만 어쩔 수 없지.
> 어디서든 열심히 해서
> 최고의 선수가 되자!

김도영은 광주동성중학교에 입학할 때까지만 해도 큰 주목을 받지는 못했습니다.

야구 재능은 인정을 받았지만 체구가 작았기 때문입니다.

하지만 김도영은 중학교 3년 동안 키가 20센티미터나 자라며 조금씩 주목을 받기 시작했습니다.

김도영!

여기요!

키만 커진 게 아니라 힘도 세졌다고! 받아라!

깡

광주동성고등학교로 진학한 첫해에는 주로 팀에서 대수비와 대주자의 역할을 맡았습니다.

그리고 2학년이 되던 2020년,

도영아.

네, 감독님.

올해부터는
네가 주전 유격수를
맡도록 해라.

네?

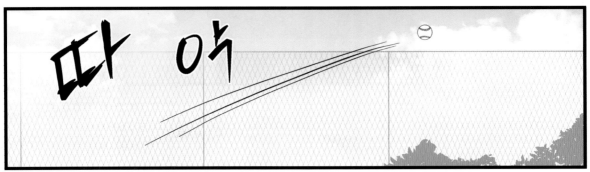

김도영은 청룡기 전국 고교 야구 대회에서 6경기에 나와 26타수 14안타, 1홈런, 10타점, 10득점, 6도루를 기록하며 최다 안타상과 최다 득점상, 최다 도루상을 수상했습니다.

2021년에 3학년이 된 김도영은 여전히 놀라운 성적을 기록했습니다.

주말 리그 성적

52타수 24안타
1홈런 12타점
17득점 11도루

.480 / .564 / .673

ops 1.237

봐, 내 말이 맞지? 올해 1차 지명은 무조건 김도영이라고!

그러게. 좀 섣부를지 모르겠지만 제2의 이종범이 될지도 몰라.

*KBO 신인 드래프트 1차 지명의 날은 점점 다가오고 있었고, 기아 타이거즈는 결단을 내려야만 했습니다.

*KBO 신인 드래프트: 한국 프로 야구 리그의 각 구단이 아마추어 선수를 영입하기 위한 지명을 하는 행사

아무래도 동주가 뽑히겠지?
그렇게 빠른 공을 던지는 투수는
흔치 않으니까….

기아 타이거즈에서 뛰는 게
내 꿈이긴 했지만 어쩔 수 없지.
어디서든 열심히 해서
최고의 선수가 되자!

그래도 궁금하니까 한번….

기아 타이거즈가 문동주를 거르고 김도영을 선택한 것에 대해서는 팬들 사이에서도 의견이 분분했습니다.

기아 타이거즈가 김도영을 뽑았어!

정말?

아니, 문동주를 뽑았어야지! 그런 공을 던질 수 있는 투수는 귀하다고!

무슨 소리! 우리 팀은 내야가 약하니까 김도영을 뽑는 게 맞아.

맞아. 김도영이 뛰는 경기 보기나 했어? 바람의 아들 이종범이 떠오르더라니까?

스포츠 중심

신인 유격수 김도영, 제2의 이종범이 될 수 있을까?

하지만 정작 김도영은 이종범 선수에 대해서는 자세히 알지 못했습니다.

아빠가 가끔 말씀하시긴 했는데, 한번 검색해 볼까?

타
타
타

어디 보자, 바람의 아들 이, 종, 범.

우와! 엄청난 플레이! 괜히 '종범신'이 아니었네!

이종범
7

45

이렇게 대단한 선수와 나를 비교해 주시다니, 영광스럽긴 한데 한편으로는 부담스럽다.

웃기네, 아무나 이종범이 되는 줄 아나?

딱 봐도 실패야, 실패!

이종범은 무슨. 이정후부터 넘고 와야지!

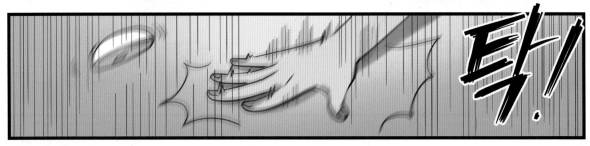

탁!

아냐, 난 긍정의 아이콘 김도영이야!

누구도 아닌 제1의 김도영이 되고 말겠어!

히

업

선배님들, 안녕하십니까!

새로 입단하게 된 김도영입니다.
앞으로 잘 부탁드리겠습니다!!

김도영의 위대한 프로 생활이 시작되는 순간이었습니다.

▶ 통합 지식 플러스② ▼

빛나는 타이거즈 선수들

기아 타이거즈는 역사가 깊은 구단인 만큼 훌륭한 선수들도 많이 배출했어요. 그중에는 우리나라 야구계의 전설로 자리 잡은 사람들도 있지요. 팬들의 사랑을 받은 기아 타이거즈 출신 야구 선수들을 알아보아요.

하나 무등산 폭격기, 선동열

형의 영향으로 야구를 시작한 선동열은 1980년 봉황 대기 전국 고교 야구 대회에서 노히트 노런을 기록하며 주목을 받았어요. 이후 1982년과 1984년 세계 야구 선수권 대회에서 최우수 선수상을 받으며 야구 선수로서의 가능성을 보였지요.

시속 150킬로미터가 넘는 빠른 공이 특기인 그는 1985년 해태 타이거즈에 입단하여 총 여섯 차례나 팀을 우승으로 이끌었어요. 10년간 평균자책점 1.20을 기록했고, 0점대를 기록한 것도 무려 다섯 번이나 돼요. 이는 좀처럼 나오기 힘든 놀라운 기록이지요.

1996년, 선동열은 일본 프로 야구팀인 주니치 드래곤즈로 이적했어요. 처음에는 적응하는 데 애를 먹었지만 금세 실력을 되찾아 마무리 투수로 활약했지요. 4년 동안 경기하며 패전을 기록한 것이 단 네 번뿐이었다고 해요.

1999년 은퇴한 선동열은 이듬해 한국 야구 위원회 홍보위원을 지냈어요. 그 뒤 주니치 드래곤즈 2군 코치와 삼성 라이온즈 투수 코치를 지냈고, 2005년부터는 삼성 라이온즈의 감독을 맡았어요. 2011년부터 2014년까

기아 타이거즈 감독 시절의 선동열

지는 기아 타이거즈 감독으로, 2017년에는 야구 국가대표 팀 감독으로 활약했답니다.

둘 바람의 아들, 이종범

2009년 팀의 열 번째 우승을 이끈 이종범

1993년 해태 타이거즈에 입단한 이종범은 내야수로 활약했어요. 공격과 수비, 주루 어느 것 하나 빠지는 게 없었고, 1993년 한국 시리즈에서 활약해 MVP로 뽑히는가 하면, 이듬해에는 84도루라는 신기록을 세우기도 했어요.

1997년 이종범은 일본으로 건너가 주니치 드래곤즈에 입단해 외야수로 뛰었어요. 사람들의 기대를 한몸에 받았으나 아쉽게도 부상 등의 이유로 좋은 성적을 내지 못한 채 한국으로 돌아왔어요.

2001년 기아 타이거즈로 돌아온 후에도 우여곡절은 있었어요. 2006년에는 성적 부진으로 2군으로 강등되기도 했지요. 하지만 그로부터 3년 뒤, 개인 통산 500도루, 1천 득점을 달성하며 팀에게 10번째 우승을 안겨 주었어요.

2012년 아쉬움을 뒤로하고 은퇴한 이종범은 한화 이글스의 주루 코치, MBC 스포츠 야구 해설 위원 등을 맡았어요. 2024년부터 kt wiz의 외야 주루 코치로서 후배 양성에 힘을 쏟고 있답니다.

셋 대투수, 양현종

2005년 제39회 대통령배 전국 고교 야구 대회 결승전 승리 투수였던 양현종은 2007년에 기아 타이거즈에 입단했어요. 초반 성적은 좋지 않았으나 가능성을 높이 평가한 감독 덕에 계속 1군에 머물렀어요. 이후 점점 나은 실력을 보여 주었지요. 2015년과 2019년에는 KBO 정규 리그 평균 자책점 1위를 기록했고, 2017년에는 KBO 정규 리그 다승 공동 1위를 차지하기도 했어요.

국내에서 큰 활약을 한 양현종은 메이저 리그에 도전하기도 했어요. 2021년 텍사스 레인저스에 입단하여 경기를 치렀지요. 데뷔전에서 8탈삼진을 기록하며 한국인 투수 중 최다 탈삼진을 기록했어요. 현재는 기아 타이거즈로 돌아와 팬들에게 다시 한번 멋진 모습을 선보이고 있답니다.

2024 한국 시리즈 2차전에 선발로 등판한 양현종

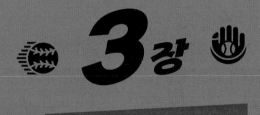

3장

높은 프로의 벽

> "
> 더 노력해서
> 내년에는 반드시
> 내 자신을 증명하겠어!
> "

시범 경기에서 놀라운 성적을 기록한 김도영은 데뷔 첫해부터 1군 주전으로 나서게 되었습니다.

2022년 KBO 리그 정규 시즌이 시작되었습니다! 힘차게 출발한 기아 타이거즈, 과연 어떤 모습을 보여 줄지 기대가 됩니다!

올해 기아 타이거즈가 기대되는 여러 가지 이유가 있을 텐데요. 저는 올해 입단한 김도영 선수의 활약을 주목할 필요가 있지 않나 하는 생각입니다.

기아 타이거즈 역사상 처음으로 고졸 신인이 개막전 1번 타자로 출전하는 것이죠.

말씀하신 김도영 선수, 드디어 프로 리그에서의 첫발을 내딛는 순간입니다.

첫 단추가 중요할 텐데요, 김도영 선수 기대해 보겠습니다.

역시 시범 경기와는 긴장감부터 다르네.

할 수 있다, 김도영! 긴장 풀고….

김도영 선수,
첫 타석은 유격수 땅볼로
아웃됩니다.

헛스윙, 삼진 아웃!

또다시 삼진 아웃!

시범 경기에서 활약하며 팬들의 기대를 한몸에 받았던 김도영은 막상 정규 시즌이 시작되자 거짓말처럼 부진에 빠졌습니다.

4월에 간신히 데뷔 첫 안타를 기록하긴 했지만, 6월이 다 지날 때까지 이렇다 할 성적을 내지 못하고 주전이 아닌 백업으로 밀려나게 됩니다.

임마, 괜찮아. 여기서 경기를 지켜보는 것도 큰 공부라고 생각해!

스담 스담

7월 1일 인천 문학 경기장

7월의 첫날을 데뷔 첫 홈런으로 시작한 김도영은 서서히 팬들의 기대에 걸맞는 실력을 보여 주기 시작했습니다.

7월 12일 기아 타이거즈 대 LG 트윈스

와

이제 좀 감이 잡히는 것 같아.

원 아웃, 주자를 1루와 2루에 두고 김도영 때렸습니다!

까

앙

가장 넓은 잠실구장에서 홈런이라니, 짜릿한데!

와

걷어올린 타구, 바람처럼,
바람처럼 담장 밖으로!
드디어 포효하기 시작한
아기 호랑이 김도영입니다!

뜨거운 여름, 멋진 활약을 이어 가던 김도영에게 뜻밖의 악재가 터졌습니다.

쳤습니다!

악!

툭

으윽….

아, 김도영 선수 부상인가요?

아니…!

최근 좋은 모습을 보여 준 김도영 선수, 부디 큰 부상이 아니길 바랍니다.

김도영은 자신에게 빠르게 날아오는 공을 급하게 손으로 잡으려다 손가락에 부상을 입었습니다.

이로 인해 김도영은 2주 이상이나 경기에 나갈 수 없게 되었습니다.

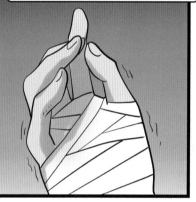

도영아, 그런 상황에서는 손부터 나가는 게 아니라 먼저 몸으로 막아 두고 나서 처리해야 해.

네, 제가 서툴렀습니다.

하아, 나도 경기 나가고 싶다.

9월 10일 부상에서 돌아온 김도영은 주전과 백업을 오가며 무난한 활약을 보여 주었습니다.

기아 타이거즈, 와일드카드 결정전에서도 뜨거운 타격감을 이어 갑니다!

기아 타이거즈는 2022년 시즌 5위를 기록해 포스트 시즌 와일드카드 결정전에 진출할 수 있었지만, 김도영은 더그아웃에서 팀의 패배를 지켜봐야만 했습니다.

내년엔 꼭 내가….

그렇게 김도영의 프로 데뷔 시즌은 막을 내렸습니다.

이야,
송구 좋고!

도영이 녀석,
겨우내 준비를 많이 했나 보네.
몸도 잘 만들어 놨고….

작년 시즌이 끝나고
하루도 편히 쉬지 않고
이번 시즌을 준비했다.

두고 봐.
올해의 나는 작년과 다르다는 걸
보여 주고 말겠어!

잘 맞았다!

까앙

끌어당긴 타구!
잘 맞았습니다!

김도영 선수! 시범 경기 첫 타석부터
선두 타자 홈런을 기록합니다.
올 시즌 기대해 봐도 괜찮겠는데요?

김도영 선수, 오늘 벌써 3타수 3안타네요. 어떻게 보세요?

이제 한 시즌의 시작이긴 하지만, 확실히 작년과는 몸 상태가 달라 보이긴 하네요.

말씀드리는 순간, 기아 타이거즈 안타! 김도영, 홈으로 파고듭니다!

세이프!

왁!

윽!

크윽

김도영 선수, 아무래도 부상인 것 같은데요.

네, 발가락에 부상을 입은 것 같습니다. 아, 역시 교체되네요.

네?

중족골 골절입니다. 이 정도 부상이라면 재활 기간만 서너 달은 잡아야 할 겁니다.

시즌 초 좋은 타격감을 유지하고 있던 김도영은 예상치 못한 부상으로 안타깝게 팀에서 이탈할 수밖에 없었습니다.

시작부터 부상이라니….

빠른 회복를 위해 일본까지 가서 재활 치료를 받은 김도영은 다행히 두 달 반 만에 1군으로 복귀할 수 있었습니다.

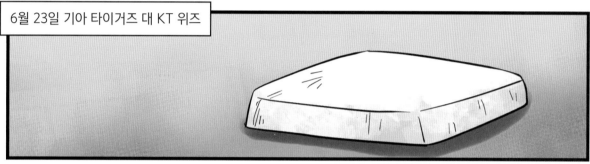

6월 23일 기아 타이거즈 대 KT 위즈

까앙

김도영, 복귀 첫 타석부터 깨끗한 안타를 신고합니다!

주자 뜁니다!

기아 타이거즈 안타! 2루 주자 김도영, 그야말로 폭풍처럼 달립니다. 홈에서 세이프!!

와아, 김도영이 돌아왔다!

부상에서 돌아온 김도영은 이후로도 뛰어난 성적을 기록하며 조금씩 팀 내 없어서는 안 될 선수가 되어 갔습니다.

김도영의 활약에도 팀은 6위로 포스트 시즌에 진출하지 못했습니다.

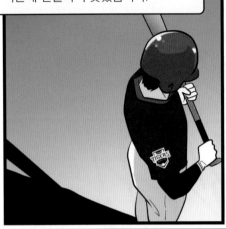

하지만 김도영에게 2023년의 야구는 아직 끝나지 않았습니다.

APBC(아시아 프로 야구 챔피언십) 대회를 통해 프로 진출 후 처음으로 국가대표에 선발된 것입니다.

2루 아웃, 1루로…!

병살은 안 돼!

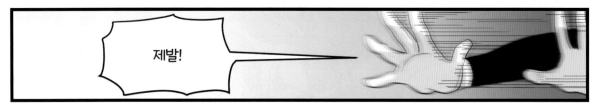

제발!

와ㅡ!

아웃! 김도영 선수, 아쉽게 아웃되고 마네요!

윽!

김도영은 병살을 막기 위해 1루에 슬라이딩 해서 들어가다 왼쪽 엄지손가락에 부상을 입고 말았습니다.

대한민국 팀은 이후 1점을 달아나는 데 그쳤고,

까
앙

10회 말 일본 팀이 2점을 내며 결국 4:3 일본 팀의 승리로 끝났습니다.

와

와

크흑, 나 때문에 졌어.

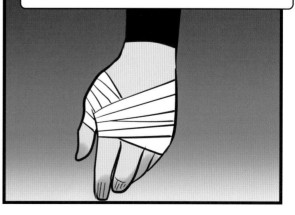

엎친 데 덮친 격으로 경기가 끝난 후 정밀 검사를 받은 김도영은 손가락 부상으로 재활 기간만 4개월이 걸린다는 진단을 받았습니다.

완치까지 4개월이라니….

스프링캠프는 갈 수 있을까?

최선을 다하는 것은 좋지만
그런 상황에서 무리하게
슬라이딩을 해서는 안 돼.
부상의 위험이 너무 크거든.

아무리 잘해도
부상당하면 아무 소용이 없다.
프로 선수라면 부상당하지 않게
관리하는 것도 중요해.

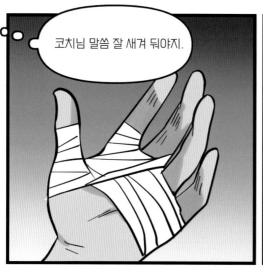

김도영은 비록 부상 중이었지만 팀의 스프링캠프에 합류하기 위해 호주로 갔습니다. 따뜻한 호주에서 재활 훈련을 병행하며 다가올 시즌을 준비하기 위함이었습니다.

야구를 더 즐겁게! 신나는 응원

종종 야구장에서 선수들보다
눈에 띄는 사람들이 있어요.
바로 응원석을 뜨겁게 달구는 응원단과
인형탈을 쓰고 관중들에게
즐거움을 주는 마스코트지요.
신나는 응원에 빠질 수 없는
응원단과 마스코트에 대해 알아보아요.

 하나 경기를 달아오르게 만드는 응원단

야구 경기 내내 관람석에 마련된 단상에 서서 쉴 새 없이 움직이는 사람들이 있어요. 바로 응원단장과 치어리더들이지요. 응원단은 스포츠 경기에서 여러 가지 화려한 응원 동작을 통해 팀의 사기를 끌어올리고 관중들의 응원을 유도하는 일을 해요. 응원단이 하는 일은 나라마다 스포츠 경기의 종목마다 조금씩 그 형식이 달라요.

야구의 경우, 미국에서는 특별히 응원단을 운영하지 않고 경기를 보러 온 팬들도 편하게 관람을 하는 편이에요. 일본은 응원단이 있긴 하지만 팬들이 자체적으로 단체 박수나 함성, 구호 등을 유도하며 열정적으로 경기를 관람해요. 응원단은 공격과 수비가 바뀌는 시간에 잠시 안무를 선보이는 게 전부예요.

하지만 우리나라의 경우는 응원단이 적극적으로 응원을 주도해요. 단상 위에 선 응원단장과 치어리더가 신나는 노래와 춤으로 흥을 돋워요. 노래도 팀마다, 선수마다 응원곡이 달라요. 응원 율동도 팀마다 정해져 있지요. 응원단과 함께 그때그때 알맞은 응원곡을 부르

응원 중인 기아 타이거즈 응원단과 팬들

며 사람들은 신나게 응원을 한답니다.

 ## 둘 경기장의 꽃, 치어리딩

치어리더들이 응원단장과 함께 신나는 노래에 맞춰 구호를 하거나 춤을 추는 것을 치어리딩이라고 해요. 1982년 한국 프로 야구가 첫 선을 보였을 때, 사람들은 야구에 대해 잘 알지 못했어요. 나라에서는 사람들의 관심을 끌기 위해 경기 중에 볼거리를 제공해야겠다고 생각했고, 그렇게 야구장에서 치어리딩이 시작되었어요. 당시에는 정해진 율동도, 응원가도 없었어요.

야구가 점점 인기를 끌면서 야구 구단들은 응원을 이벤트 회사에 맡겼어요. 이들이 더 신나는 응원 방식을 고심하면서 화려한 치어리딩과 응원가 같은, 우리가 지금 야구장에서 볼 수 있는 즐거운 응원 방법들이 자리 잡게 되었지요.

셋 팬들과 더 친밀하게, 마스코트

야구장에 가면 인형탈을 쓴 사람이 장난을 치거나 응원단과 함께, 혹은 관중 사이에 끼어서 응원하는 것을 볼 수 있어요. 바로 각 팀을 대표하는 마스코트들이지요. 프로 야구 구단에서는 팬들에게 좀 더 다가가고 친밀해지기 위해 마스코트를 만들었어요. 마스코트들은 응원단과 함께 관중석의 열기를 북돋우지요.

기아 타이거즈의 마스코트는 호걸이와 호연이, 호야, 하랑이, 이렇게 네 마리의 호랑이 가족이에요. 해태 타이거즈 때부터 함께 한 호돌이, 호순이가 있지만 11번째로 우승한 2017년에 팬을 상대로 마

스코트 공모전을 열어 호걸이와 호연이를 새로 만들었어요. 호걸이는 '영웅호걸'에서, 호연이는 '호연지기'에서 이름을 따왔어요.

2019년에는 호야라는 마스코트를 만들어 메신저 이모티콘을 만들기도 했어요. 호야는 '호랑이'와 '야구 덕후'의 앞 글자를 따온 것으로, 야구를 응원하는 기아 타이거즈 팬의 모습을 표현했어요. 마지막으로 하랑이는 귀여운 아기 백호로, 2024년에 새로 공개한 마스코트랍니다.

치어리더와 함께 응원하는 호야(왼쪽), 호걸이

슈퍼스타 김도영

> "
> 이래서 우린 김도영을
>
> 슈퍼스타라고 부릅니다!
> "

따 약

손 괜찮아?
아직 무리하면 안 돼.

괜찮습니다, 선배님.

의사 선생님이
이제 훈련해도
괜찮다고 하셨어요.

작년 부상 때도 그렇고
너 회복력 하나는 대단하다.
이게 젊음인가?

하
하
하

올해
목표는 뭐야?

부상당하지 않고
한 시즌 완주하는 거요.

그리고….

타이거즈의
우승이요!

우, 우승?!

4월이 되면서 김도영의 믿을 수 없는 활약이 시작됐습니다.

아, 김도영 뜁니다!

우아, 김도영 정말 빠른데요.
투수, 꼼짝하지 못하고 도루를 허용하네요.

김도영, 또 한 번
담장을 훌쩍 넘깁니다!

어라, 그러고 보니….

홈런 한 개만 더 치면….

투수에 김선기!

슈

아 악

바로 이 순간은 당신이 처음 목격하는 순간입니다!

월간 10홈런, 10도루! 우리가 모두 처음 맞이하는 슈퍼스타의 탄생입니다!

김도영은 4월 25일 키움 히어로즈와의 경기에서 KBO 최초로 월간 10홈런 10도루라는 기록을 달성했습니다.

4월의 놀라운 활약으로 김도영은 데뷔 첫 월간 MVP에 선정되었습니다.

김도영, 프로야구 최초, 월간 10홈런-10도루' 기록

야구 천재 김도영

이러한 활약은 이후에도 멈추지 않았습니다.

5월 첫날 20경기 연속 안타를 때려 냈고,

4일에는 11호 홈런을 때려 내며 홈런 공동 1위에 올라서기도 했습니다.

5월 중순 손목 타박상과 장염 등으로 2경기 결장했지만,

복귀한 이후에도 꾸준히
안타를 쳐 냈습니다.

6월에 들어서며 김도영은 다시 괴물 같은 활약을 이어 나갔습니다.

김도영, 두산을 상대로 시즌 16호 홈런을 쳐 냅니다!

이로써 데뷔 이후 처음으로 한 시즌 전 구단 상대 홈런을 기록하네요.

LG 2 KIA 0 ◆◆◆ 0-0

밀어 치는 김도영!

깡

와!

타석에 김도영 투 아웃에 만루, 손에 땀을 쥐게 하는 순간입니다.

김도영, 생애 첫 만루 홈런을 기록합니다! 경기를 뒤집는 기아 타이거즈!

뜨거운 7월, 김도영의 괴물 같은 활약은 계속되었습니다.

7월 23일, 김도영은 또 한 번 위대한 기록을 세우게 됩니다.

7월 27일에는 역전 투런 홈런으로 역대 최연소, 최소 경기 100득점을 기록하더니,

8월 15일에는 누구도 세운 적 없는 기록을 다시 한번 만들어 냅니다.

역대 최연소(20세 10개월 13일), 역대 최소 경기(111경기) 30홈런, 30도루를 달성한 것입니다.

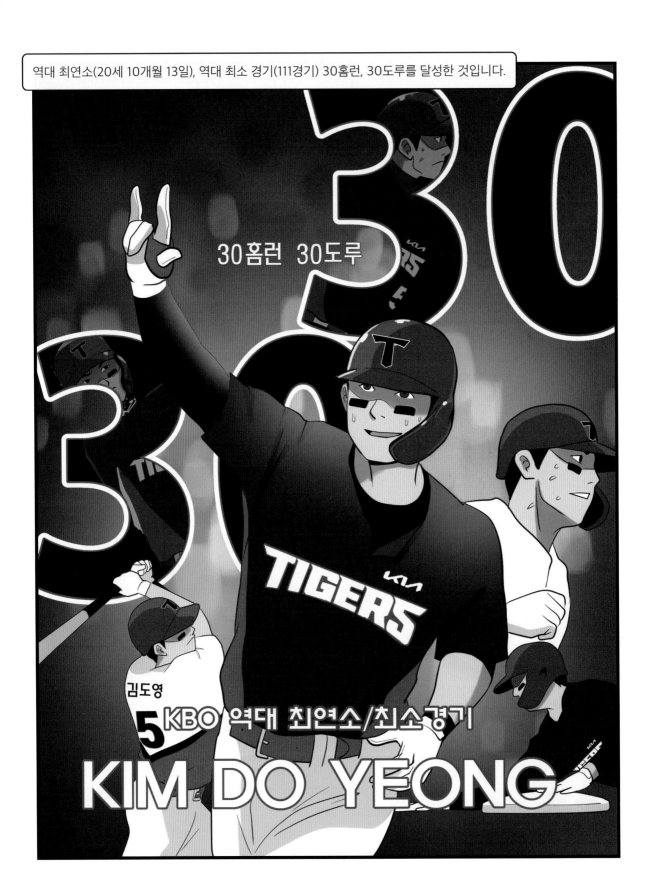

김도영은 이어지는 경기에서 역대급 기록을 하나둘 갈아 치우며 나아갔습니다. 김도영이 가는 길이 곧 역사가 되었지요.

9월 8일은 역대 최연소 100타점과 100득점을 기록한 날이자,

역대 세 번째 3할, 30홈런, 30도루, 100타점, 100득점을 기록한 날이 되었습니다.

기아 타이거즈 역시 김도영의 활약에 힘입어 일찌감치 정규 시즌 우승을 확정지었습니다.

그리고 2024년 KBO의 왕중왕 자리를 놓고 삼성 라이온즈와 한국 시리즈에서 맞붙게 되었습니다.

통합 지식 플러스④ ▼

야구와 관련된 직업

야구 선수 말고도
야구와 관련된 직업은 무궁무진해요.
많은 사람들이 열심히 일한 덕분에
선수들은 경기에서 실력을 발휘하고,
우리는 그 모습을 관람할 수 있답니다.
어떤 직업들이 있는지 알아보아요.

하나 스포츠 피디

우리가 집에서도 편히 텔레비전으로 야구 경기를 볼 수 있는 것은 스포츠 피디 덕분이에요. 스포츠 피디는 중계 피디와 제작 구성 피디로 나눌 수 있어요. 중계 피디가 실제 경기를 보여 준다면, 제작 구성 피디는 중계 요약 같은 야구와 관련해서 사람들의 흥미를 끌 만한 다양한 콘텐츠를 만들지요. 스포츠 중계의 경우, 중요한 장면을 그때그때 시청자에게 전달해야 하기 때문에 전체 경기를 내다볼 수 있는 눈이 필요해요.

야구 중계중인 모습

둘 스포츠 에이전트

연예인이 소속사의 관리를 받으며 활동하는 것처럼, 운동 선수들에게도 소속사 같은 곳이 있어요. 바로 스포츠 에이전트지요. 스포츠 에이전트는 선수의 스케줄 관리는 물론, 트레이닝, 언론 홍보, 구단이나 광고 계약 체결 등 운동 외의 모든 것을 담당하여 선수가 운동에만 집중할 수 있도록 도와요. 야구 에이전트의 경우, 한국 프로 야구 선수 협회에서 주관하는 에이전트 시험에 합격해야 해요.

셋 스포츠 마케터

스포츠 마케터가 하는 일은 굉장히 폭이 넓어요. 스포츠 용품을 판매하는 일이 될 수도 있고, 스포츠를 이용해 기업을 광고하는 일이 될 수도 있어요. 선수를 관리하는 것 또한 스포츠 마케터의 일이지요. 장래가 촉망되는 선수를 발굴해 후원사를 찾고, 운동에 전념할 수 있도록 도와요. 야구 구단에 소속된 스포츠 마케터는 구단 SNS나 유튜브 등을 운영하며 구단을 홍보해요.

넷 스포츠 트레이너

스포츠 트레이너는 운동 선수들의 건강 상태를 확인하고 그에 맞는 훈련을 할 수 있도록 도와요. 감독, 코치와 논의해 선수별로 맞는 운동 프로그램을 제시하는가 하면 식단에도 신경을 쓰지요. 부상을 최소화하기 위해 적절한 운동과 마사지로 몸을 풀어 주고, 부상을 당한 선수에게는 부상 정도에 따라 재활 훈련을 계획하기도 해요. 스포츠 트레이너의 도움으로 선수들은 최고의 기량을 발휘할 수 있지요.

다섯 야구 기록원

경기중 포수 뒤쪽을 보면 유리창 안쪽에서 경기를 보는 사람들이 있어요. 이들이 바로 그날 경기에 대한 모든 것을 기록하는 야구 기록원이에요. 2인 1조로 움직이는 야구 기록원은 투수가 어떤 공을 던졌는지, 누가 공을 잡아서 아웃을 시켰는지 같은 아주 세세한 부분까지 모두 기록해요. 기록을 보면 그날 경기가 처음부터 끝까지 어떻게 진행됐는지 알 수 있을 정도이지요.

여섯 전력 분석원

경기에서 이기기 위해서는 열심히 훈련하는 것뿐 아니라 현재 상태에 대해 잘 아는 것도 중요해요. 이를 도와주는 것이 바로 전력 분석원이지요. 전력 분석원은 경기의 모든 것을 데이터로 기록하고 분석해요. 분석한 내용을 평가하여 선수들의 경기력을 향상시킬 방법을 고민하는 한편, 상대 팀의 전력을 분석해 감독이 경기 전략을 수립하는 것에 도움을 주어요.

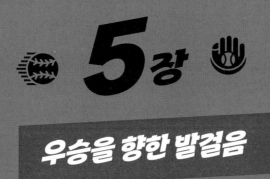

5장

우승을 향한 발걸음

> 내가 타이거즈의 유니폼을 입고
> 한국 시리즈 무대에 서다니
> 꿈만 같아….

2024년 KBO 한국 시리즈 기아 타이거즈와 삼성 라이온즈, 과연 두 팀이 어떤 명승부를 만들어 낼지 야구팬들의 기대가 광주 기아 챔피언스필드에 가득했습니다.

이후 기아 투수들이 연달아 볼넷을 내 주며 무사 1, 2루에서 삼성 김영웅이 타석에 들어섰습니다.

우천으로 경기를 잠시 중단합니다.

하지만 비는 잦아들기는커녕 더 많이 내리기 시작했습니다.

아, 경기를 중단시킬 모양이네요.

7회 말

공 빠집니다!

임창민 45

3루 주자 홈으로!
기아 타이거즈, 삼성의 잇단 실책을
놓치지 않고 경기를 뒤집습니다!

소크라테스 30

기아 타이거즈, 연속 안타가 터지며
4:1로 앞서갑니다! 김도영 선수,
한국 시리즈 첫 안타를 타점으로 기록하네요.

김도영 5

결국 기아 타이거즈는 2박 3일에 걸쳐 벌어진
1차전에서 김도영의 활약에 힘입어 승리를 거
둘 수 있었습니다.

기아 타이거즈,
집중력 있는 경기로
1차전을 가져갑니다!

이어서 벌어진 2차전에서는 1회부터 기아가 삼성을 몰아붙였습니다.

최형우, 나성범, 김선빈의 연속 안타로
기아 타이거즈 5:0까지 달아납니다.

삼성의 뒤늦은 추격이 이어졌지만 결국
2차전도 기아의 승리로 끝이 났습니다.

김도영, 한국 시리즈 첫 홈런을
2차전에서 기록합니다!

3차전은 장소를 옮겨 대구 삼성 라이온즈파크에서 열렸습니다.

1, 2차전의 패배를 만회하기 위한 삼성 라이온즈 선수들의 적극적인 공격이 이어졌고,
많은 홈런을 때려 내며 3차전의 승리를 가져갔습니다.

4차전에서는 반대로 기아 타이거즈 타자들이 홈런쇼를 펼치며 승리를 가져갔고,
결국 승부는 5차전까지 이어졌습니다.

이제 1승 남았다.

광주로 가서 우승 트로피를 들어 올리는 거야!

5차전에서 끝내고 싶다.
우승의 감격을
하루빨리 느껴 보고 싶어.

10월 28일, 광주 기아 챔피언스필드

우승이 확정되는 순간까지는 마음을 가라앉히고 차분하게…

좋아, 가자!

플레이볼!

쳤습니다!

깡

가볍게 잡아냅니다. 원 아웃!

삼성의 2번 타자 류지혁 안타!

파
앗

주자를 1루에 두고 삼성의 4번 타자가 타석에 들어섭니다.

127

주자, 빠르게 홈으로!

기아 타이거즈, 나성범의 희생플라이로
1점을 따라붙습니다.

3회 초 2사 1루에 전 타석에서 홈런을 친
삼성의 4번 타자가 타석에 들어섭니다.

후,
쉽지 않네.

양현종, 2구
힘차게 뿌립니다!

선두 타자 최형우의
솔로 홈런입니다!
경기는 이제 5:3 두 점차!

3점 뒤진 가운데
5회 말 공격을 시작하는
기아 타이거즈입니다.

최형우의 홈런으로 추격을 시작한 기아,
2사 만루의 찬스를 잡습니다.
타석엔 기아의 슈퍼스타 김도영!

집중하자. 어떻게든
이번 기회를 살려야 해.

6회 말 1사 1, 3루에서 기아 타이거즈가
다시 한번 기회를 잡습니다.

	1	2	3	4	5	
삼성	3	3	2	0	0	0
기아	1	0	1	0	3	0

김태군 유격수 쪽
깊은 땅볼,

유격수
공을 잡아
2루로 던집니다!

그사이 3루 주자
소크라테스
홈을 밟습니다!

아아, 기아 타이거즈 6회말
기어코 경기를 뒤집습니다.
정말 대단하네요.

8회 말 박찬호의 2루타로 한 점을 더 달아난 기아 타이거즈는,

9회 초 마지막 타자를 삼진으로 돌려 세우며 경기를 끝냅니다.

삼진 아웃! 경기 끝!

우승이다!

광주, 우리 시대의 가장 큰 아픔을 야구로 극복한 도시에서 광주의 자랑 기아 타이거즈가 2024년 KBO 정상에 올랐습니다.

시즌을 마무리하는 경기들

봄부터 여름이 끝날 무렵까지
이어지는 프로 야구 정규 리그. 그러나
진짜 승자는 정규 리그 이후에 정해진대요.
정규 리그 이후 1위가 가려지기까지
어떤 경기들이 있는지 살펴보아요.

하나 가을에 치르는 경기, 포스트시즌

정규 리그가 끝난 뒤 우승 팀을 가리기 위해 치르는 경기를 '포스트시즌'이라고 해요. 9월 하순부터 10월 사이에 개최되기 때문에 '가을 야구'라고도 하지요. 미국과 일본에도 포스트시즌이 있지만, 우리나라와는 조금 달라요. 미국과 일본은 양대 리그의 우승 팀들끼리 맞붙어서 승자를 가리지만, 야구 팀이 적은 우리나라는 정규 리그의 1위부터 5위에 든 팀이 차례로 맞붙어서 최종 우승 팀을 정해요. 포스트시즌은 각 경기마다 불리는 이름도 따로 있어요.

가을 야구를 관람하기 위해 경기장을 찾은 관중들

둘 와일드카드 결정전

와일드카드 결정전은 2015년 KT wiz가 정규 리그에 참여해 총 10개 팀이 승부를 겨루게 되면서 신설된 제도예요. 4위 팀과 5위 팀이 붙는 경기로, 두 경기 중 먼저 2승을 거머쥔 팀이 준플레이오프로 올라갈 수 있지요. 4위 팀은 1승을 지닌 채 시작한다는 이점이 있어요. 4위 팀이 올라가려면 한 번만 이기면 되지만, 5위 팀이 올라가려면 두 경기 모두 이겨야 해요.

셋 준플레이오프

준플레이오프는 3위 팀과 와일드카드 결정전에서 올라온 팀이 겨뤄요. 다섯 번의 경기 중 세 번을 먼저 이긴 팀에게 2위 팀과 겨룰 자격이 주어지지요.

 ### 넷 플레이오프

준플레이오프 우승 팀과 2위가 맞붙는 플레이오프 역시 5전 3선승제예요. 먼저 세 번을 이긴 팀이 한국 시리즈에서 1위 팀과 싸우게 돼요.

다섯 한국 시리즈

한 해의 우승 팀을 가리는 경기예요. 총 일곱 번의 경기가 치러지며, 네 번을 먼저 이기면 우승을 거머쥐게 되지요. 하위 팀은 차근차근 경기에서 승리를 누적하며 한국 시리즈에 도전하는 반면, 정규

리그 1위 팀은 앞선 경기들이 치러지는 동안 충분한 휴식을 취하며 경기를 준비할 수 있어요. 이 때문에 두 팀 모두 최상의 상태에서 맞붙는 게 아니라는 문제점이 제기되고는 하지요.

who? 지식 사전

KBO 올스타전

순위를 매기는 것과 달리 야구 팬들을 위해 열리는 이벤트성 경기도 있어요. 바로 'KBO 올스타전'이지요. 올스타전은 구단 상관없이 팬들의 투표로 뽑힌 선수들이 드림팀과 나눔팀으로 나뉘어서 경기를 해요. 팬들을 위한 이벤트인 만큼, 선수들이 다양한 퍼포먼스를 하기도 한답니다.

2024년 우승 직후 승리를 자축하는 기아 타이거즈 선수들

The young king

올 한 해

반짝 잘했다고 안주하지 않고

세계적인 선수가 될 때까지

나아가겠어.

2024년 시즌을 마친 김도영은 11월에 열린 프리미어 12 국가대표에 발탁되었습니다.

대회 직전 주목해야 할 선수 중 하나로 선정된 김도영은 쿠바와의 경기에서 만루 홈런을 기록하는 등 뛰어난 활약을 했습니다.

김도영 선수,
이제 기아 타이거즈를 넘어
대한민국 대표 팀에서도
중심 선수로 우뚝 섰습니다!

기아 타이거즈의
김도영 선수입니다!

김도영은 프로 3년차, 21세에 프로 야구 최고 선수에게 주어지는 상을 받았습니다.

뿐만 아니라 여러 시상식에서 총 12개의 트로피를 거머쥐었습니다.

골든글로브 3루수 부문에,
기아 타이거즈의 김도영!

뚜벅
뚜벅

찰 칵

감사합니다.
이렇게 과분한 상을 받게 되어
영광이고요.

짝

짝

제가 이 자리에 서기까지 도움을 주신 모든 분들께 감사드립니다. 그리고…

이번 골든글로브를 마지막으로 이제 일상으로 돌아가 내년 시즌을 열심히 준비하려고 합니다.

찰칵

찰칵

올 한 해 좋았던 부분에 안주하지 않고 더 노력해, 많은 트로피의 무게를 견딜 수 있는 사람이 되겠습니다.

여보, 우리 도영이 말솜씨도 많이 는 것 같지 않아?

야구를 좋아하던 소년에서 우리나라를 대표하는 프로 야구 선수로 우뚝 선 김도영. 그의 야구 인생은 지금부터 시작입니다.

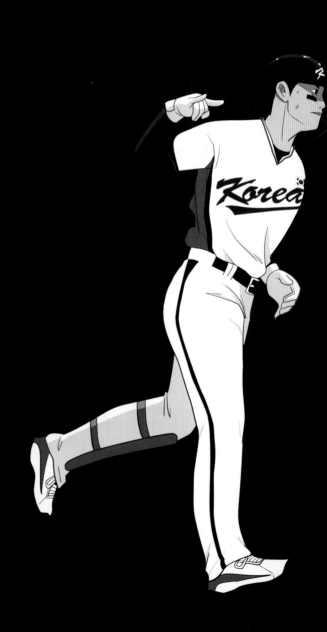

생각해 보기

> 책을 다 읽은 뒤 내용을 되새기고
> 생각하는 시간도 필요합니다.
> 책에 대해 주변 사람들과
> 함께 이야기 나누면 더욱 좋아요!

KBO의 모든 기록을 갈아 치운 야구 천재
'김도영'이 궁금해!

기대가 부담스럽지는 않나요?

감독님과 코칭 스태프 분들, 그리고 팬 여러분들의 기대 속에 시작한 2024년은 다행히 기대한 것보다 좋은 기록을 세울 수 있었고, 덕분에 감사하게도 많은 관심을 받을 수 있었어요. 하지만 그런 관심과 기대가 부담스럽진 않았습니다. 다치지 않고 모든 경기를 완주한다면 좋은 기록은 자연히 따라오는 것이라고 생각했기 때문입니다.

기아 타이거즈에 입단한 이후 거의 매년 부상 때문에 좋은 모습을 충분히 보여 드리지 못했다고 생각합니다. 정규 리그 도중 몇 달씩 쉬는 일도 있었어요. 그런 면에서 2024년은 그 기대에 조금은 부응했다고 생각합니다. 앞으로는 더 좋은 모습을 보여 드리도록 하겠습니다.

슬럼프는 어떻게 극복하나요?

최대한 밝게 행동하려고 노력합니다. 물론 계속해서 기록이 좋지 않으면 힘들지만, 그럴 때는 생각이라도 긍정적으로 하려 해요. 24년 8월, 저 스스로도 슬럼프라고 느낀 때가 있었는데, 슬럼프를 극복하려고 애쓰기보다는 천천히 찾아가자고 생각하며 마음을 편히 먹었어요. 슬럼프가 올 때도 있고, 잘 될 때도 있지만 결국 한 시즌을 끝내고 보면 제 능력에 맞는 성적이 나올 거라고 생각했습니다. 그렇게 마음먹고 나니 다시 홈런도 치고 도루도 할 수 있게 되었습니다.

보완할 점을 꼽자면 무엇일까요?

저는 스스로 부족한 점으로 '수비'를 꼽습니다. 2024년 타격으로는 좋은 성적을 거두었지만 수비 면에서는 여전히 아쉬운 모습이 많았다고 생각합니다. 그래서 정규 리그가 끝난 이후 한국 시리즈를 대비하며 코치님과 수비 훈련에 매진했습니다. 그 덕분인지 한국 시리즈와 이어 참가한 프리미어12에서는 큰 실책 없이 경기를 치를 수 있었

다고 생각합니다. 수비 연습은 제가 선수 생활 내내 가져가야
하는 과제입니다.

앞으로의 바람은 무엇인가요?

많은 관심과 집중을 받은 만큼, 지금의 성공을 지키고 싶다는
욕심이 생겼어요. 이를 위해 개인 일정이 바쁜 와중에도 훈련
을 빼먹지 않고 있습니다. 그리고 언젠가 메이저 리그로도 진
출하고 싶어요. 해외 무대에서 멋진 활약을 하고 난 뒤 다시 고
향팀인 기아 타이거즈로 돌아올 것입니다. 그리고 어려서부터
꿈이었던 기아 타이거즈의 영구 결번을 이루고 싶어요.

김도영을 보고 야구를 시작하거나 제2의 김도영을 꿈꾸는 선수들에게 해 주고 싶은 말은?

'아마추어 야구가 전부는 아니다.'라는 말을 해 주고 싶습니다.
저도 고등학교 시절 나름의 자부심이 있었지만 프로에 오
고 나서 '프로 야구는 정말 다르구나.'하고 느꼈거든요.
프로 야구는 그야말로 프로들만 모여 있는 만큼, 지금
까지 했던 것보다 전혀 다른 노력을 해야 프로에서 살
아남을 수 있다는 것을 기억했으면 좋겠습니다.

THE YOUNG KING

👋 이름: 김도영 ★ 김도영 ★

👋 생년월일: 2003년 10월 2일

👋 별명: the young king, 도니살

👋 포지션: 3루수

👋 투타: 우투우타

👋 출신 학교: 광주 동성중, 광주 동성고

👋 좋아하는 색: 검정색, 흰색, 보라색

👋 좋아하는 가수: 뉴진스 하니

👋 좋아하는 선수: 하비에르 바에즈

👋 입단: 2022년 1차 지명

2021년

10월 25일 ● 1차 지명으로 기아 타이거즈 입단

2022년

4월 2일 ● LG 트윈스와의 경기로 데뷔

2024년

11월 ● 아시아 프로야구 챔피언십 APBC 국가대표 발탁

4월 25일 ● 역대 최초 월간 10홈런 10도루 달성

6월 23일 ● 20홈런 20도루 달성

7월 23일 ● 역대 최소 타석 내추럴 사이클링히트 달성

8월 15일 ● 역대 최연소, 최소 경기 30홈런 30도루 달성

9월 8일 ● 역대 최연소 100타점 100득점 달성

9월 23일 ● 최종 38홈런 40도루 달성

11월 ● WBSC 프리미어 12 국가대표 발탁

11월 26일 ● KBO 리그 MVP 수상

12월 13일 ● KBO 골든글러브 3루수 부문 수상

야구 경기는 규칙 외에도 재미있는 사실들이 많아요. 야구 경기를 이해하기 위해 꼭 알아야 할 필요는 없지만, 알고 보면 야구를 훨씬 즐겁게 관람할 수 있지요. 야구에 숨겨진 이야기를 알아보아요.

Q. 경기 도중 비가 오면 어떻게 해요?

야구장에는 지붕이 없기 때문에 야구 경기는 날씨에 영향을 많이 받아요. 비가 많이 내리거나 강풍, 폭염에 경기가 취소되기도 하지요. 보통 경기 시작 전에 경기 운영위원이 일기예보를 보고 경기를 할지 결정해요.

그런데 만약 경기 도중에 비가 내리면 어떡할까요? 이때는 심판이 경기를 중단시킨 뒤 날씨를 보고 판단해요. 비가 그치지 않으면 경기를 취소하는데, 몇 회까지 진행되었는지가 중요해요. 만약 5회를 마쳤다면 경기를 치른 것으로 인정하고 경기를 중단했을 때 이기고 있는 팀이 승리 팀이 되어요. 반면 5회를 마치지 못했다면 경기는 무효가 되지요.

Q. 취소된 경기는 언제 해요?

비가 와서 경기가 취소되면 정규 리그 일정 안에 다시 한번 경기를 해야 해요. 하지만 야구 경기 일정이 이미 짜여 있기 때문에, 두 팀이 같은 날 연속으로 두 경기를 치를 수밖에 없지요. 이를 '더블 헤더'라고 해요.

더블 헤더는 정규 리그 후반부인 9월 무렵에 많이 열려요. 더블 헤더의 첫 번째 경기에서는 무승부가 되어도 연장전을 치르지 않아요. 30분의 쉬는 시간이 주어진 뒤, 두 번째 경기를 치르지요. 더블 헤더 경기는 보통 경기의 1.5배에 해당하는 요금을 받아요.

Q. 야구 경기는 쉬는 시간이 없어요?

야구는 한 회당 공격과 수비를 번갈아 가며 9회까지 경기를 하기 때문에 경기 시간이 매우 길어요. 평균 세 시간 정도 걸리지요. 쉬지 않고 경기를 하면 선수들과 감독, 코치들이 지치는 것은 물론 내내 앉아 있어야 하는 관중들도 불편할 거예요. 뿐만 아니라 선수들이 경기하면서 경기장 바닥이 파이거나 선이 지워지기도 하지요.
그라운드를 재정비하고 사람들이 잠깐 쉬기 위한 시간이 바로 '클리닝 타임'이에요. 5회가 끝나면 클리닝 타임이
4분 정도 주어지는데, 요즘에는 이때를 이용해 응원이나 공연, 이벤트를 해서 관중들에게 즐길 거리를 제공하기도
해요.

Q. 관중석으로 날아온 공은 가져도 돼요?

다른 구기 종목은 경기 도중 공이 관중석으로 날아오면 도로 가져가지만, 야구는 그렇지 않아요. 야구는 파울볼이
든 홈런볼이든 관중석으로 넘어온 공은 잡은 사람의 것으로 인정하기 때문에 너도나도 넘어온 공을 주우려고 하
지요.
그럼 야구는 왜 공을 다시 가져가서 쓰지 않는 걸까요? 방망이에 맞은 야구공은 충격으로 공이 찌그러지거나 실밥
이 터질 수도 있어요. 이 때문에 한 번 사용한 공은 다시 쓰지 않지요. 야구공은 한 번 공격을 할 때마다 주심이 새
공으로 바꿔 줘요. 경기 한 번에 평균 100개 정도의 야구공을 쓰지요. 경기에서 쓴 공은 연습용 공으로 쓰거나 지
역의 초, 중, 고등학교 야구부에 연습용으로 보내기도 한대요.

Q. 심판은 왜 자꾸 손을 흔들어요?

야구 경기를 보면 심판이 손을 크게 흔드는 것을 볼 수 있어요. 이는 심판의 판정이 멀리서도 잘 보이게 하기 위해
서예요.
심판의 손동작은 뜻이 다 달라요. 먼저 손바닥을 아래로 향하게 한 채로 손끝을 모았다가 양옆으로 펼치는 것은
'세이프'를 뜻해요. 반대로 한 손으로 주먹을 쥐고 위에서 아래로 내리면 '아웃'이에요. 스트라이크일 때는 손을 올
리고, 홈런이면 손을 높이 들어 검지를 편 채로 손목을 돌려요. 심판의 동작을 잘 살피면 어떤 판정을 내리는지 알
수 있답니다.

독후 활동 1

나만의 야구 구단을 만들어요

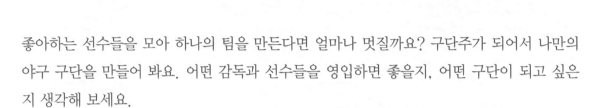

좋아하는 선수들을 모아 하나의 팀을 만든다면 얼마나 멋질까요? 구단주가 되어서 나만의 야구 구단을 만들어 봐요. 어떤 감독과 선수들을 영입하면 좋을지, 어떤 구단이 되고 싶은지 생각해 보세요.

야구 구단 공식 명칭

_____

연고지

_____

공식 경기장 이름

_____

영입하고 싶은 감독과 그 이유

_____

구단 마스코트와 그 이유

_____

영입하고 싶은 선수와 그 이유

선수 이름	포지션	현재 소속	영입 희망 이유

독후 활동 2

김도영의 마음가짐을 배워요

김도영은 부상을 당하거나 슬럼프가 찾아와도 좌절하지 않고 긍정적으로 생각하며 자신이 할 수 있는 일에 최선을 다했어요. 여러분에게도 힘든 일이 있었나요? 그 일을 어떻게 극복했는지 써 보고, 만약 김도영이라면 그 상황을 어떻게 헤쳐 나갔을지 생각해 보세요.

어떤 일이 있었나요?

_____

_____

_____

_____

_____

_____

_____

_____

_____

_____

_____

_____

_____

나는 어떻게 했나요?

_____

_____

_____

_____

_____

_____

_____

만약 김도영이라면 어떻게 했을까요?

_____

_____

_____

_____

_____

_____

_____

꿈을 위해 노력해요

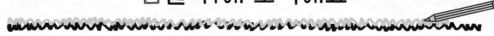

광주에서 나고 자란 김도영은 어려서부터 기아 타이거즈에 입단하는 것이 꿈이었어요. 야구를 그만둘까 생각한 순간도 있었지만 포기하지 않고 노력한 끝에 원하는 대로 기아 타이거즈에 1지명으로 입단했지요. 여러분은 어떤 꿈이 있나요? 꿈을 이루기 위한 계획을 세워 보고, 꿈을 이룬 내 모습을 상상해 보세요.

여러분의 꿈은 무엇인가요?

_____

_____

_____

_____

어떤 노력을 하고 있나요? 혹은 앞으로 어떻게 노력할 계획인가요?

_____

_____

_____

_____

_____

꿈을 이룬 모습을 그림으로 자유롭게 그려 보세요.

가장 좋아하는 선수를 응원해요

야구 선수들이 경기를 할 때면 경기장에 멋진 응원가가 울려 퍼져요. 응원가를 부르며 응원하면 더욱 흥이 나지요. 여러분이 가장 좋아하는 선수는 누구인가요? 선수의 응원가를 직접 만들어 보고, 선수에게 응원 편지를 써 보세요.

응원하고 싶은 선수

응원가로 부르고 싶은 노래

응원가 가사

최애 선수에게 전하는 편지를 자유롭게 쓰고 꾸며 보세요.

 스페셜

김도영

초판 1쇄 인쇄 2025년 4월 15일
초판 1쇄 발행 2025년 4월 28일

글 김한조 **그림** 이유철 **표지화** 신춘성

펴낸이 김선식
펴낸곳 다산북스

부사장 김은영
어린이사업부총괄이사 이유남
책임편집 박정민 **디자인** 김은지 **책임마케터** 안호성
어린이콘텐츠사업1팀장 박정민 **어린이콘텐츠사업1팀** 김은지 박세미 강푸른 류지형
어린이마케팅본부장 최민용 **어린이마케팅1팀** 안호성 이예주 김희연 **기획마케팅팀** 류승은 박상준
편집관리팀 조세현 김호주 백설희 **저작권팀** 성민경 이슬 윤제희
재무관리팀 하미선 임혜정 이슬기 김주영 오지수
인사총무팀 강미숙 이정환 김혜진 황종원
제작관리팀 이소현 김소영 김진경 이지우
물류관리팀 김형기 김선민 주정훈 양문현 채원석 박재연 이준희 이민운

출판등록 2005년 12월 23일 제313-2005-00277호
주소 경기도 파주시 회동길 490
전화 02-704-1724 **팩스** 02-703-2219
다산어린이 카페 cafe.naver.com/dasankids **다산어린이 블로그** blog.naver.com/stdasan

종이 스마일몬스터 **인쇄 및 제본** 상지사 **코팅 및 후가공** 제이오엘앤피

ISBN 979-11-306-6584-9 14990

KC	**품명:** 도서 | **제조자명:** 다산북스
	제조국명: 대한민국 | **전화번호:** 02)704-1724
	주소: 경기도 파주시 회동길 490
	제조년월: 판권 별도 표기 | **사용연령:** 8세 이상

※ KC마크는 이 제품이 공통안전기준에 적합하였음을 의미합니다.

who? 한국사

초등 역사 공부의 첫 단추! '인물'을 알아야 시대가 보인다

● 선사 · 삼국   ● 남북국   ● 고려   ● 조선

※ who? 한국사(전 47권) | 대상 초등학교 전 학년 | 책 크기 188×255 | 각 권 페이지 190쪽 내외

who? 인물 중국사

인물로 배우는 최고의 역사 이야기

※ who? 인물 중국사 (전 30권) | 대상 초등학교 전 학년 | 책 크기 188×255 | 각 권 페이지 190쪽 내외

who? 아티스트

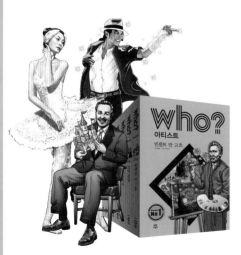

최고의 명작을 탄생시킨 아티스트들을 만나다

● 문화 · 예술 · 언론 · 스포츠

※ who? 아티스트(전 40권) | 대상 초등학교 전 학년 | 책 크기 188×255 | 각 권 페이지 190쪽 내외

who? 인물 사이언스

기술로 세상을 발전시킨 과학자들의 이야기

※ who? 인물 사이언스(전 40권) | 대상 초등학교 전 학년 | 책 크기 188×255 | 각 권 페이지 180쪽 내외

who? 세계 인물

세상을 바꾼 위대한 인물들의 이야기

※ who? 세계 인물(전 40권) | 대상 초등학교 전 학년 | 책 크기 188×255 | 각 권 페이지 180쪽 내외

who? 스페셜 · K-pop

아이들이 가장 만나고 싶고, 닮고 싶은 현대 인물 이야기

※ who? 스페셜 · K-pop | 대상 초등학교 전 학년 | 책 크기 188×255 | 각 권 페이지 190쪽 내외